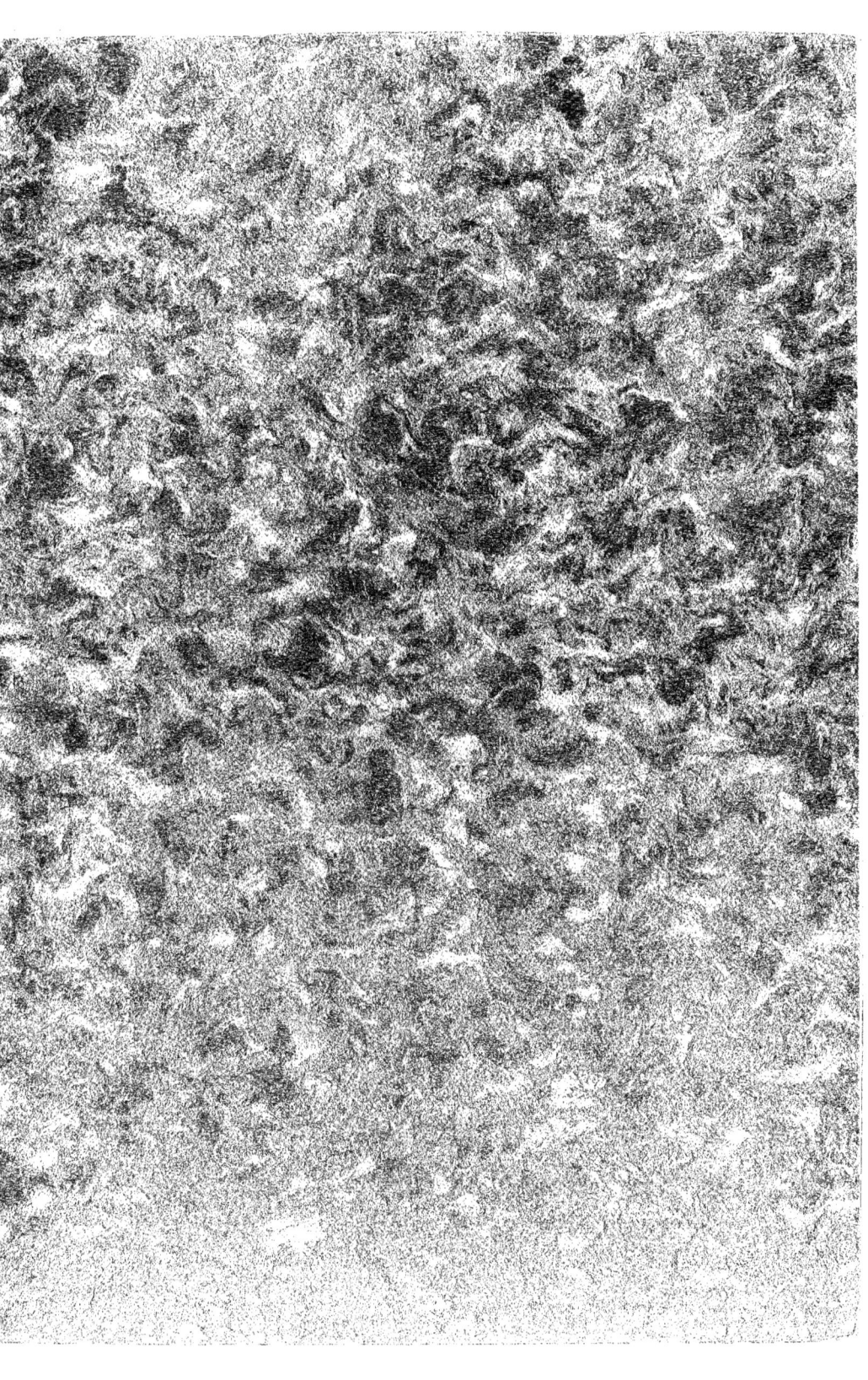

# EAUX-FORTES

DE

# JULES DE GONCOURT

NOTICE ET CATALOGUE

PAR

## PHILIPPE BURTY

---

PARIS

LIBRAIRIE DE L'ART | LIBRAIRIE CHARLES DELAGRAVE
3, CHAUSSÉE-D'ANTIN, 3 | 58, RUE DES ÉCOLES, 58

M DCCC LXXVI

# LISTE DES EAUX-FORTES

TITRE. — Le Pantin de Mesdemoiselles Marcille

1. — La Lecture, d'après Fragonard.
2. — Les Dimanches de Saint-Cloud, d'après Gabriel de Saint-Aubin.
3. — Le Pont-Neuf, d'après Gabriel de Saint-Aubin.
4. — Portrait de La Tour, d'après un pastel du maître.
5. — Portrait de Duclos, d'après un pastel de La Tour.
6. — Portrait de Chardin, d'après un pastel de La Tour.
7. — Le Gobelet d'argent, d'après une peinture de Chardin.
8. — Le Café Godet, d'après un dessin de Swebach.
9. — Portrait de Edmond de Goncourt, étude d'après nature.
10. — La Salle d'armes, étude d'après nature.
11. — Jeune Femme cousant, étude d'après nature.
12. — Le Singe au Miroir, d'après Decamps.
13. — Portrait de M<sup>me</sup> Lafarge, d'après Henri Monnier.
14. — Homme assis, d'après un croquis de Gavarni.
15. — Têtes d'Hommes et le Jeu de Dames, d'après deux croquis de Gavarni.
16. — La Femme en chapeau, d'après un croquis de Gavarni.
17. — Buste d'Homme, d'après un croquis de Gavarni.
18. — Chanteurs ambulants, d'après un croquis de Gavarni.
19. — « Mon épouse serait-elle légère ? » d'après une aquarelle de Gavarni.
20. — Thomas Vireloque, d'après une aquarelle de Gavarni.

## BULLETIN DE SOUSCRIPTION

A ENVOYER A MM.

A. BALLUE
3, CHAUSSÉE-D'ANTIN, 3

CHARLES DELAGRAVE
58, RUE DES ÉCOLES, 58

ÉDITEURS

A .................................... le .................................... 1875.

Je prie M. (1) .................................... de m'envoyer un exemplaire de l'édition à (2) .................................... des EAUX-FORTES DE JULES DE GONCOURT, dont je m'engage à payer le montant, sans autres frais, au moment de la réception.

(3)

(1) M. Ballue ou M. Delagrave. — (2) Cent ou à Deux cents francs, en toutes lettres.
(3) Signer lisiblement et donner son adresse.

# LES EAUX-FORTES

DE

# JULES DE GONCOURT

LES eaux-fortes que gravait Jules de Goncourt, sans autre ambition que de faire dire à la pointe et à l'acide ce que la plume peut décrire mais non montrer, sont des œuvres originales, précises, justement désirées aujourd'hui par les amateurs les plus délicats. Par la spontanéité et l'esprit, la passion et la patience, elles sont de même jet et de même reprise que les travaux littéraires de ce lucide et brillant esprit, frappé si jeune. Elles eussent suffi, si le public d'alors y eût pris garde et si lui-même eût prétendu aux succès d'artiste, à le classer dès le début parmi les aquafortistes d'élite. Mais il n'y songeait point. Il ne se courbait sur la plaque de cuivre vernie et enfumée que pour se reposer à de longs intervalles d'autres études. Quelques épreuves d'essai étaient tirées pour les intimes. Ce fut pour lui très-dur de conduire jusqu'au bout les planches qui commentent le texte des livraisons de l'*Histoire de l'Art du XVIII° siècle*, écrite en collaboration avec son frère Edmond de Goncourt.

Aujourd'hui, qu'épreuves d'essai et que livraisons sont épuisées, les amateurs attardés les recherchent avidement.

Ces eaux-fortes, d'un dessin vivant et personnel, d'une attaque leste et ferme, d'un travail ingénieux et appliqué, d'une morsure colorée et fine, nous montrent Jules de Goncourt tantôt directement aux prises avec la nature, tantôt face à face avec ces maîtres français du XVIII° siècle dont il sentait à fond le style et la grâce, La Tour, Chardin, Fragonard, les Saint-Aubin, Prud'hon, — tantôt luttant d'esprit moderne avec les croquis du maître qu'il affectionnait entre tous, Gavarni.

Des réussites constantes s'expliqueraient mal dans l'œuvre d'un pur amateur, la force de la volonté ou la pénétration du goût ne suffisant pas à faire obéir le crayon et surtout la pointe. La lente éducation technique des yeux et de la main, Jules se l'était donnée dès la sortie de collège, pendant des années d'un travail à deux, ardent et appliqué, coupé par les écœurements des essais, soutenu par les petits bonheurs du mieux-faire. Ses années de voyages d'artiste et de touriste en France, en Algérie, en Italie, ses stations dans les musées, les églises, les rues, sur le bord de la mer, ses mises au net dans son atelier de la rue Saint-Georges, M. Philippe Burty, qui fut son ami, les dira dans une notice qui ouvre la publication que nous annonçons.

Sa passion pour l'eau-forte, il nous l'a révélée lui-même dans ce qu'il fait dire à l'un des personnages de son roman, MANETTE SALOMON :

« ... L'eau-forte l'empoignait avec son intérêt, son absorption passionnée, l'oubli qu'elle lui donnait de tout, du repos, du cigare, l'espèce d'effacement du temps qu'elle faisait dans sa vie. Penché sur sa planche, à gratter le cuivre, à découvrir, sous les tailles et les égratignures, l'or rouge du trait dans le vernis noir, il passait des journées...

« ... Au bout de cela, la morsure, ce travail de l'acide qui, selon le degré, la température, des lois inconnues, une chance, un hasard, va réussir ou manquer la planche, faire ou défaire son caractère, creuser ou émousser son style, la morsure le prenait aux émotions de son mystère et de sa chimie magique. Il était enlevé à lui-même quand, baissé sur les fumées rousses, les bulles d'air crevant à la surface, il suivait dans l'eau mordante les changements du cuivre, ses pâlissements, les bouillonnements verts qui moussaient sur les traits de la pointe. Et aussitôt la planche dévernie, essencée, il avait une hâte à sortir. Il se dépêchait d'arriver, sa planche sous le bras, tout en haut de la rue Saint-Jacques.

« Là, au bout d'un jardinet, dans une pièce pleine d'un jour blanc, il avait une véritable anxiété à suivre la main noire du tireur, encrant et chargeant sa planche sur la boîte, l'essuyant avec la paume, la tamponnant avec de la gaze, la bordant et la margeant avec du blanc d'Espagne, la passant sous le rouleau, serrant la presse, tournant la roue et la retournant. Il était tout entier à ce qui allait se lever de là, à ce tour de roue, la fortune de son dessin. L'épreuve toute mouillée, il l'arrachait de la main de l'ouvrier... »

Les vingt et une eaux-fortes que nous publions ont été choisies parmi les cuivres les plus caractéristiques que Jules de Goncourt laissait en mourant. Les unes donnent l'idée de ce qu'il pouvait faire d'après les maîtres du XVIIIe siècle; les autres, totalement inédites, sont des études d'après la nature, d'après Decamps ou Henri Monnier, et une suite d'après des croquis et des aquarelles de Gavarni, suite qu'il affectionnait tout particulièrement et qu'il se proposait de compléter.

Des bois, gravés d'après ses souvenirs de voyages, ses études dans les collections, sont semés dans le texte.

A la notice biographique, M. Philippe Burty joint un catalogue descriptif de toutes les eaux-fortes, essais ou pièces terminées qu'a fait mordre Jules de Goncourt, ainsi que la mention précise de tous les états qu'elles ont successivement traversés.

Nous publions de ces vingt et une eaux-fortes deux éditions du format du présent prospectus : l'une de grand luxe sur papier spécial, avec les eaux-fortes tirées sur papier du Japon, à cent exemplaires avant toute lettre et au prix de 200 francs ; la seconde, à deux cents exemplaires, les eaux-fortes tirées sur papier vergé, avec le numéro d'ordre et le nom de l'imprimeur à la pointe et au prix de 100 francs.

Le texte sortira des presses de M. Jules Claye.

Les eaux-fortes seront tirées par M. François Liénard.

Le texte et les eaux-fortes seront livrés réunis dans un carton. Les deux éditions seront numérotées.

EAUX-FORTES

DE

JULES DE GONCOURT

# EAUX-FORTES
DE
# JULES DE GONCOURT

NOTICE ET CATALOGUE
DE
PHILIPPE BURTY

PARIS
LIBRAIRIE DE L'ART     CHARLES DELAGRAVE
3, CHAUSSÉE D'ANTIN, 3     58, RUE DES ÉCOLES, 58
M DCCC LXXVI

# JULES DE GONCOURT

ULES DE GONCOURT était né à Paris le 17 décembre 1830. Il était petit-fils du député à l'Assemblée nationale, J.-A. Huot de Goncourt. Il perdit, étant petit enfant, son père, brillant officier qui s'était largement dépensé dans les guerres de l'Empire et la retraite de Russie. Sa mère alors se retira du monde, l'éleva avec des soins passionnés, veilla sur son éducation jusqu'à lui faire repasser chaque soir ses leçons en toutes les matières. Il fut un enfant adorablement vif, aimable et rose. Un frottis de pastel, qu'a conservé Edmond, nous le montre en frac de garde française, partant pour un bal costumé, le regard avivé par la poudre, le lampion sur l'oreille, la main sur la garde de l'épée, crâne et rebondi à dix ans comme un amour de Fragonard.

Jules fit ses études au collège Bourbon, des études brillantes. En quatrième, il eut tout à la fois un deuxième prix de version latine, un deuxième prix de version grecque, un premier accessit d'histoire au grand concours.

En 1848, sa mère s'éteignit doucement. Il quitta Bourbon.

De ce moment commence avec Edmond, son frère plus âgé de huit ans, cette fraternité de toutes les heures, de tous les pas, de toutes les pensées, de tous les travaux, qu'un accident de voyage suspendit une seule fois pendant quarante-huit heures; fraternité qui les identifie tellement l'un à l'autre, qu'en citant des œuvres littéraires exécutées et signées en commun, j'aurai peine à rompre le singulier, comme j'ai peine à ne pas écrire Jules et Edmond, en parlant de Jules seul.

Edmond avait beaucoup travaillé l'archéologie pittoresque. Jules, en dehors des cours réglementaires du collége, avait passé ses heures de récréation, ses jours

Vieille maison, à Macon.

de sortie à copier avec une étonnante application des caricatures du *Punch* et des lithographies de Gavarni. Ils prirent la résolution de livrer leur vie tout à l'Art.

En juin 1849, ils partirent de Bar-sur-Seine pour un long tour de France, le sac sur le dos : Jules si imberbe, si blanc, si mignon sous sa blouse blanche que, dans des auberges, des servantes le prirent pour une femme qui se faisait enlever. Ils traversèrent la Bourgogne, le Lyonnais, le Dauphiné, la Provence, à petites journées, par étapes capricieuses, s'arrêtant aux points de vue comme aux vieux monuments, saluant la belle nature française et causant avec le passé. En novembre 1849, ils arrivent à Marseille, s'embarquent pour Alger où ils passent quelques semaines délicieuses, vivant dans le quartier arabe, cheminant de ruelles en bazars, couchant, les claires nuits, dans une barque, enivrés de la beauté du ciel, des accents de l'ombre et de la lumière, de l'originalité du paysage qui commence aux portes de la ville, « toqués » de l'Algérie à ce point qu'ils crurent ne revenir en France que pour arranger leur vie de façon à la finir en Afrique.

Jules avait conservé quelques-uns de ses travaux de ce voyage : le dessin à la plume, fin comme une eau-forte de Célestin Nanteuil, des panneaux en bois d'une porte, dans l'église Saint-Thibaut, en Bourgogne; le large pignon d'une maison du xv$^e$ siècle, à Mâcon, avec ses bois en saillie ; des stalles, des vitraux, des statues en marbre de l'église de Brou, études très-bien poursuivies de types de bourgeois et d'hommes d'armes; des cabanes dans les environs de la Camargue avec réserve franche ou essuyage grumeleux des murs crépis et lavés à la chaux. Des aquarelles, datées d'Alger, rappellent, pour prendre un terme connu de comparaison, la manière

LA PORTE BAB-AZOUN, A ALGER.

de Tesson, qui opposait violemment le surchauffé des murailles à l'outremer du ciel. J'ai noté une rue en escalier perçant un angle de maisons, avec un Juif qui porte au bout d'un bâton un énorme paquet; un campement à la porte Bab-Azoun, des tentes se silhouettant sur un ciel d'une tonalité verdâtre; des blancheurs de burnous, de couvertures de laine dans les ombres moites d'un bain public; une épouvantable négresse aux sclérotiques jaunes, aux dents blanches comme des amandes collées sur le dos brûlé d'un pavé de pain d'épice, et dont le pagne bleu rayé de blanc accuse l'obésité. Entre temps, dans le far niente du kief, on prenait aussi des notes écrites. Quelques-unes ont paru dans l'*Éclair*. Mais on sent que cet Alger a été croqué un peu en hâte et vu à travers l'Orient de Decamps.

Paris calma vite cette fièvre d'exotisme. Jules s'installa rue Saint-Georges, au rez-de-chaussée. Sous un jour mauvais, durant tout l'hiver, Alger fut oublié. Il repassa au net ses voyages, s'imposant des séances d'aquarelle de dix à douze heures.

Au printemps de 1850, une promenade en Suisse; puis un voyage en Belgique et un séjour à Sainte-Adresse. On se rappelle les terrains gris-mastic, les buissons vert pâle, les nuages dos de tourterelle, que Hervier rompait tout à coup par le triangle d'azur d'une embellie, la marmotte rouge d'une paysanne, l'avant noir d'un chaland amarré au quai. Les aquarelles de Jules, à ce moment, sont de cette famille. Le coup de lumière sur le pilier d'un pont à Bruges, gravé en regard de ces lignes, montre qu'il savait faire jouer l'effet. Une matinée à Sainte-

Un Pont a Bruges.

Adresse, avec la mer mourant au pied des falaises et le soleil à demi dégagé des brumes du large, est d'une belle indication, mélancolique et résumée.

Mais ce fut précisément au moment où il entrait en pleine possession de ses moyens de peintre qu'il délaissa la peinture.

L'année 1851 se passa à la confection d'un livre qui parut le jour même du coup d'État, sous ce titre tout à fait énigmatique : *En 18..* Les deux derniers chiffres du millésime avaient porté ombrage à la censure. C'est cependant un vrai livre d'artiste, comme l'avait été *Mademoiselle de Maupin*. Les paysages sont détaillés

LA POISSONNERIE, A ROME.

ainsi que les branches dans une étude de Delaberge. Les noms des maîtres peintres et sculpteurs sont invoqués à chaque page. Des critiques superbes qui « songent des rondeurs marbrines et provocantes » y conspuent « les hanches de grenouille, les muscles hottentots, les ressauts ravinés, les lignes engorgées, les rotondités distendues, les carnations sales, passées, marmiteuses » des modèles d'atelier. Parmi ces feuillets poussés au ton, débordant de sève, pleins aussi d'observations et lectures, on voit Jules, déjà ferré sur l'Art du xviii$^e$ siècle français, mettre « dix pièces de cinq francs sur un crayon de Boucher ». « Enfoncé paresseusement dans sa chauffeuse, les deux pieds posés sur le chambranle de la cheminée, lançant au plafond un épais nuage de fumée... » il vit déjà dans cet appartement délicieusement rococo où nous l'avons connu. Il a déjà une terre cuite de Clodion ; ses deux cornets en biscuit de Sèvres, longs et fluets, où « des cornes enroulées de boucs à large barbe, descend sur l'ove du vase une guirlande de fleurs et de fruits, avec des châtaignes si piquantes de toutes leurs épines de porcelaine qu'elles semblent des châtaignes naturelles oubliées toute une nuit dans une fontaine pétrifiante » ; une bibliothèque miniature, de la première manière de Boule, enfermant des livres rares et des reliures précieuses ; sur les étagères, des porcelaines de la Saxe et des bols du Japon.

Son incomparable collection de pastels de La Tour, de sanguines de Watteau, de crayons de Boucher, de croquades de Gabriel de Saint-Aubin, de lavis de Moreau, de gouaches de Lavreince, de bistres de Fragonard, se forma plus tard, pièce à pièce, au hasard des ventes, au petit bonheur des visites chez les marchands. Mais la note est déjà bien arrêtée, et nous avons là les Goncourt tout entiers.

L'étude suivie de la peinture fut totalement interrompue. Au mois de janvier 1852, le marquis de Villedeuil, leur cousin, fonda l'*Eclair* et leur proposa d'y collaborer. Là parut en articles la critique du Salon de 1852, qui après fut publiée en plaquette.

Mais je n'ai point, à mon regret, à suivre Jules dans la série de ses travaux critiques, historiques ou littéraires. Je le reprends en novembre 1855, au moment de son départ pour son premier voyage en Italie.

J'ai dans les mains son carnet de croquis et de notes, où notes et croquis s'emmêlent confusément avec ceux d'Edmond, comme la laine et la soie de deux sœurs qui travaillent à la même tapisserie. Il me faudrait en transcrire les deux tiers, car l'Art y tient la plus large place. Ce sont des visites dans les musées, des repos dans les bibliothèques, des stations dans les églises, des arrêts sur les places, des échappées dans la campagne, des soirées dans le monde, dans les spectacles, au bal, des promenades nocturnes dans les rues. Tout est interrogé, noté : le paysage, les habits, le patois, les attitudes, les mœurs, la couleur des maisons et celle des yeux des femmes, le rire des foules et la douleur des malades, les raisons visibles et tangibles de l'œuvre des peintres et des sculpteurs des siècles passés. Ils voulaient faire de ce *Voyage* un livre de prose poétique intitulé *l'Italie la nuit*.

Un seul fragment a été publié sous ce titre, *Venise*, dans l'*Artiste*. La rédaction de ce fragment leur parut à eux-mêmes trop lyrique, et plus tard ils brûlèrent tout le cahier des mises au net. Nous en donnerons une idée plus complète en détachant du volume *Idées et Sensations* ces paragraphes qui témoignent d'un sens critique profond et tout moderne. Les voyageurs ont passé par Genève, le Simplon, les lacs, Milan, Parme, Brescia, Vérone, Venise, Padoue, Mantoue, Modène, Bologne. Ils sont à Florence. « Que d'heures aux *Uffizi* à regarder les Primitifs ! à regarder ces femmes, ces longs cous, ces fronts bombés d'innocence, ces yeux cernés de bistre, longuement et étroitement fendus, ces regards d'ange et de serpent coulant sous les paupières baissées, ces petits traits de tourment et de maigreur, ces minceurs pointues du menton, ce roux ardent des cheveux où le pinceau effile des lumières d'or, ces pâles couleurs de teints fleuris à l'ombre, ces demi-teintes doucement ombrées de vert et comme baignées d'une transparence d'eau, ces mains fluettes et douloureuses où jouent des lumières de cire ; tout ce musée de virginales physionomies maladives qui montre, sous la naïveté d'un art, la Nativité d'une grâce ! S'abreuver de ces sourires, de ces regards, de ces langueurs, de ces couleurs pieuses et faites pour peindre de l'idéal, c'est un charme qui vous reprend tous les jours et qui vous ramène devant ces robes bleues ou roses, des robes de ciel. Les grandes et parfaites peintures, les chefs-d'œuvre mûrs n'enfoncent pas en vous un si profond souvenir de figures : seules, ces femmes peintes des Primitifs s'attachent à vous comme la vivante mémoire d'êtres rencontrés dans la vie ; elles vous reviennent comme une tête de morte que vous auriez vue, éclairée et dorée, au matin, par la flamme mourante d'un cierge. » Et encore cette remarque originale : « Dans les tableaux italiens, l'écartement des yeux dans les têtes marque l'âge de la peinture. De Cimabué à la Renaissance, les yeux vont, de maître en maître, en s'éloignant du nez, quittent le caractère du rapprochement byzantin, regagnent les tempes, et finissent par revenir chez le Corrège et chez André del Sarte, à la place où les plaçaient l'Art et la Beauté antique. » Enfin, après avoir étudié toute l'Italie, ses fresques, ses dessins, ses peintures dans les cloîtres, les chapelles, les musées, les palais, Jules a écrit ceci à propos de l'École romaine : « Raphaël a créé le type classique de la Vierge par la perfection de la beauté vulgaire, par le contraire absolu de la beauté que le Vinci chercha dans l'exquisité du type et la rareté de l'expression. Il lui a attribué un caractère de sérénité tout humaine, une espèce de beauté raide, une santé presque junonienne. Ses vierges sont des mères mûres et bien portantes, des épouses de saint Joseph. Ce qu'elles réalisent, c'est le programme que le gros public des fidèles se fait de la Mère de Dieu. Par là, elle resteront éternellement populaires ; elles demeureront, de la Vierge catholique, la représentation la plus claire, la plus générale, la plus accessible, la plus bourgeoisement hiératique, la mieux appropriée au goût d'art de la piété. La *Vierge à la chaise* sera toujours *l'académie* de la divinité de la femme. »

J'ai dit qu'il me faudrait transcrire une bonne partie des feuillets de ce *Voyage;* il m'eût fallu aussi faire reproduire une bonne partie des croquis et des aquarelles. Jules, précisément parce qu'il ne cherchait plus que l'esprit des choses, et parce qu'un certain travail inconscient d'incubation critique lui faisait, au premier coup, sentir quels détails étaient à éliminer, avait atteint l'apogée de son talent. Je ne citerai que cette façade rose du Palais ducal, avec les deux colonnes en marbre gris, qui va jusqu'au pont *della Paglia;* les touristes qui font foule sur le quai donnent à cette Venise son double accent actuel et spectral. — La *Poissonnerie*, à Rome : La portion de muraille à gauche, en briques brunes, comme la voûte ; à droite, les deux colonnes et la portion de fronton en marbre; les tables gluantes sur lesquelles palpite et se raidit le poisson, sont traitées avec une franchise lumineuse que l'on ne retrouvera que dans l'œuvre de Henri Regnault. — La *Fromagerie*, près de Milan avec les ustensiles pour fabriquer le parmesan : la grande bassine en cuivre rouge, les seaux, les linges, les écuelles, le bâton pour agiter le lait sont atta-

Le Stenterello du Théâtre Barjiacchi.

qués avec la fermeté qu'apportait Decamps dans le rendu des accessoires; l'effet du jour filtrant, au fond, entre les lames de bois, est d'une finesse exquise. Il connaissait toutes les ficelles du métier, les essuyages, les frottis, les grattages, les lavages à grandes eaux, les salissures au crayon lithographique. J'ai de lui un dessin très-énergique, l'escalier dans la rue de la Vieille-Lanterne, à la rampe duquel Gérard de Nerval vint une nuit se pendre. Jules a étonnamment rendu l'épiderme rugueux des murailles dans les ruelles du vieux Paris et leur robuste sénilité, en reprenant avec un roseau trempé dans du bistre, par-dessus un ton général de reflet gris et éteint, les arêtes des plans qui cachent en quelque sorte le squelette de la construction.

Dans les dessins de figure (je ne parle pas de ses nombreuses notes de mouvement ou d'expression, d'après Michel-Ange, les Noces aldobrandines, Lucca della Robbia, des fontaines, des marbres antiques ou des objets de la Renaissance) il faut isoler un excellent profil de Polichinelle du théâtre de San Carlino, vêtu tout de blanc, avec un demi-masque noir sur le haut du visage; puis le Stenterello, du théâtre Léopoldo - Augusto Barjiacchi, à Florence : « Un Stenterello vieux, maigre, nerveux, avec un jeu rajeuni, fiévreux, alerte; les bras maigres, les doigts rétractés, jouant beaucoup des mains et du masque ; comique un peu triste, mais comédien savant, rompu au métier; un comique original et tout Florentin qui ne rit pas et qui se dépense tout en mimes, en grimaces, en éclats de voix sourds, en une volubilité de gestes et une contorsion de corps qui arrachent le rire, chante pendant l'entr'acte des espèces de complaintes drôlatiques sur des airs pleurards d'église... »

LORENZO CANNELLI.

Cet autre est Lorenzo Cannelli, du théâtre in Borgognissanti, un des successeurs d'Amato Ricci, « gros gaillard, grosse voix, gros entrain et gros rire, gros et bon comédien ».

La figure placée en guise de lettre ornée J en tête de ces lignes est un croquis pris à Venise, au Musée Correr, dans un dessin de Longhi : « Oh ! le Janus étrange et charmant ! Il avait rejeté son masque contre son oreille, et montrait côte à côte le profil d'un satyre, la face d'un Apollon... »

Jules retourna une seconde fois en Italie, à Rome, en 1866, pour parfaire les études préparatoires de son pathétique roman, *Madame Gervaisais*. Mais déjà il était souffrant, et je ne pense pas qu'il y ait dessiné ou peint.

Nous retrouvons encore dans le bien petit tas de dessins qu'il n'avait pas déchirés ou brûlés, le cadavre de *Kokoli*, un ouistiti qu'il aimait beaucoup, et qui,

UNE FROMAGERIE A MILAN.

sous le nom de *Vermillon*, est un comparse important dans *Manette Salomon*. Les dessous, établis à la plume et à la sanguine, sont délicatement rehaussés de tons bruns et de gris. — Puis une étude de la Fosse commune, pour *Germinie Lacerteux*, dans le cimetière Montmartre : deux alignements de croix noires, de maigres balustrades entourant quelques pierres; au-dessus des murs, des toits, un réverbère, les moulins; un ciel gris et des allées blanches de neige que tachent seules la terre rejetée et la fosse béante.

Là où s'arrête l'œuvre peint de Jules commence son œuvre gravé.

L'idée de graver à l'eau-forte lui vint du projet d'un « Paris historique au xviii$^e$ siècle » fait de dessins du temps qu'ils possédaient ou qu'ils avaient notés dans des collections. Ce commentaire de leurs publications historiques, les *Portraits intimes*, les *Maîtresses de Louis XV*, l'*Histoire de la Société française pendant la Révolution et sous le Directoire*, devait donner, d'après des documents certains, des intérieurs d'artistes, des monuments disparus, et aussi le mouvement des foules et des portraits de gens intéressants. Jules s'essaya dans un profil de Gabriel de Saint-Aubin. Il n'avait sur le procédé que de vagues données. Un ami fit mordre tant bien que mal. Il s'apprit le reste tout seul. L'eau-forte en resta là. Il n'y revint que quand il eut résolu cette série de biographies d'artistes qui constitue les livraisons de l'*Art du* xviii$^e$ *siècle*, biographies qu'il comptait illustrer d'année en année, comme délassement de ses travaux purement littéraires.

Au milieu de ces reproductions d'après des originaux qui le passionnaient, il fit quelques études d'après la nature. Telle cette *Salle d'armes* que nous publions, ce qui nous dispense d'en faire ressortir la hardiesse d'allures, l'action moderne, le jet de dessin, le fini dans certains accessoires. Telle aussi une *Salle de ventes*, à l'hôtel Drouot, dont malheureusement l'oxyde a rongé le cuivre. La conduite des travaux s'y montrait violente et hâtive, mais l'effet était bien entendu, et, nous répétons le mot à dessein, rien n'était plus « moderne » que la foule penchée sur l'estampe promenée par le crieur, la somnolence ou la causerie des habitués du lieu, la pose de l'expert, du commissaire-priseur. Cela tient bien, par l'étude sincère, à l'école de Gabriel de Saint-Aubin.

Jules a fait dire à son Coriolis, dans *Manette Salomon*, combien l'obsession de l'Eau-forte est complète.

« L'eau-forte l'empoignait avec son intérêt, son absorption passionnée, l'oubli qu'elle lui donnait de tout, du repas, du cigare. Penché sur sa planche, à gratter le cuivre, à découvrir, sous les tailles et les égratignures, l'or rouge du trait dans le vernis noir, il passait des journées.

« Au bout de cela, la morsure, ce travail de l'acide qui, selon le degré, la température, des lois inconnues, une chance, un hasard, va réussir ou manquer la planche, faire ou détaire son caractère, creuser ou émousser son style, la morsure le prenait aux émotions de son mystère et de sa chimie magique. Il était enlevé à lui-même quand, baissé sur les fumées rousses, les bulles d'air crevant à la surface, il suivait dans l'eau mordante les changements du cuivre, les pâlissements, les bouillonnements verts qui moussaient sur les traits de la pointe. Et aussitôt la planche dévernie, essencée, il avait une hâte à sortir, et, d'un pas affairé, il se dépêchait d'arriver tout en haut de la rue Saint-Jacques... »

Ce « tout en haut de la rue Saint-Jacques », c'était l'imprimerie d'Auguste Delâtre, le premier en date et l'incomparable imprimeur d'épreuves d'essai, d'épreuves d'artiste.

« Là, dans une pièce pleine d'un jour blanc, dont le plafond laissait pendre sur des ficelles des langes de laine pour l'impression, devant une presse à grandes roues, dans le silence de l'atelier, ayant pour tout bruit l'égouttement de l'eau qui mouille le papier, le basculement d'une planche de cuivre, les pulsations d'un coucou, les coups de la presse à satiner qu'on tourne, il avait une véritable anxiété à suivre la main noire du tireur encrant et chargeant sa planche sur la boîte, l'essuyant avec la paume, la tamponnant avec de la gaze, la bordant et la margeant avec du blanc d'Espagne, la passant sous le rouleau, tournant la roue et la retournant. Il était tout entier à ce qui allait se lever de là, à ce tour de roue, la fortune de son dessin. L'épreuve toute mouillée, il l'arrachait des mains de l'ouvrier... »

Tel est, en effet, l'état dans lequel l'Eau-forte et ses drames jettent les amateurs qui s'y essayent. Mais Jules était un artiste, et c'est ce qui le fit triompher de ces fatigues, de ces désillusions qui en sont plus tard les douleurs et les joies secrètes. Il avait la force d'application et la force d'intuition. Le « métier » peut produire, dans la gravure, des résultats surprenants. Il ne peut que venir en aide au développement de ces qualités instinctives, le choix des travaux et le sentiment de la morsure. Jules faisait, comme tout le monde, des « états », c'est-à-dire que, malgré les soins apportés au premier travail, il lui fallait revenir pour donner la force ou l'harmonie suprême, réparer les manques, accentuer le caractère et l'effet. Mais surtout il voyait, il sentait juste. Son habileté devint curieuse. Il n'est pas possible d'imaginer une traduction plus franche des pastels de La Tour : cette solide mise en place des traits, ces pupilles noires, ces plans carrés, vous mettent sous les yeux les physionomies qui pensent et vivent sous les frottis et les reprises des crayons du maître.

Pour les Prudhon, au contraire, il procédait par petits points qui, plus ou moins pressés, donnent un modelé très-doux, et qui n'ont rien de ce glacial alignement parallélique des travaux obtenus à la roulette d'acier. Nous ne pouvons que

LA RUE DE LA VIEILLE-LANTERNE, A PARIS.

renvoyer aux livraisons de l'*Art du* xviii*ᵉ siècle*[1], et, dans ces livraisons, au profil de Marie-Louise, dont les chairs et les frisons sous le diadème sont des merveilles de souplesse et de grâce savante.

Ces travaux n'étaient pas sans le fatiguer beaucoup. Quoiqu'il sût à fond les styles divers de ces maîtres qu'il avait entrepris de faire connaître, par leurs plus beaux dessins, avec un courage dont on n'a plus l'idée aujourd'hui que la réaction du goût a réhabilité largement la grande École du xviiiᵉ siècle, Jules s'énervait et s'irritait quand il lui fallait dessiner, prendre un calque, reporter ce calque sur le cuivre, attaquer le vernis, faire mordre, parfois « rater une eau-forte avec caractère », ainsi qu'il m'écrivait un jour. Il eût désiré des travaux plus larges. Il se promettait toujours une grande planche d'après le *Bœuf* de Rembrandt, cette furieuse ébauche aux tons si francs et si fins. Il ne l'a point faite. A peine a-t-il conduit à moitié une série, affectionnée par-dessus tout, qu'il avait entreprise d'après des croquis et des dessins de Gavarni.

Au moment de la fondation de l'*Éclair*, un dîner avait réuni les deux frères avec Gavarni. De ce soir-là, par la causerie et le sentiment, entre eux qui débutaient et Gavarni dont le talent, l'esprit plutôt, subissait une transformation complète, s'établit une liaison que la mort seule rompit. Ils ont montré, dans un livre, *Gavarni, l'Homme et l'Œuvre*, qu'Edmond a eu la douleur de publier seul, quelle admiration profonde et raisonnée l'artiste leur inspirait. Jules, dans ses eaux-fortes, a témoigné

---

1. Voici la mention des eaux-fortes dont Jules de Goncourt a accompagné les livraisons de l'ART DU XVIIIᵉ SIÈCLE.

WATTEAU : *Profil de femme* ; — *Trois têtes de femmes* ; — *Académie du Printemps* ; — *Assemblée de musiciens chez Crozat*.

CHARDIN : *Le Gobelet d'argent* ; — *Enseigne de chirurgien* ; — *Les Aliments de la convalescence* ; — *Homme au tricorne*.

BOUCHER : *Académie de femme* ; — *Femme à l'éventail* ; — *Le Bain de Diane* ; — *La Bouquetière galante*.

LA TOUR : *Masque de La Tour* ; — *Jean-Jacques Rousseau* ; — *Mˡˡᵉ Fel* ; — *Voltaire (1736)*.

GREUZE : *Le duc d'Orléans* ; — *La Consolation de la vieillesse* ; — *La Dame de charité* ; — *La Laitière*.

LES SAINT-AUBIN : *Augustin de Saint-Aubin dessinant* ; — *Gabriel de Saint-Aubin* ; — *Germain de Saint-Aubin*.

GRAVELOT, COCHIN, EISEN, MOREAU : *Gentilhomme saluant* ; — *Séance du modèle d'honneur* ; — *La Toilette* ; — *Petite Fille dormant*.

DEBUCOURT : *La Fédération* ; — *La Noce de village*.

FRAGONARD : *La Lecture* ; — *L'Abreuvoir* ; — *Le Maître à danser* ; — *Femme assise sur une chaise*.

PRUDHON : *Profil de Marie-Louise* ; — *Portrait de Mˡˡᵉ Mayer* ; — *Bras du fauteuil de Marie-Louise*.

Dans la livraison complémentaire, *Notules, Additions et Errata* se trouvent une *Femme accrochant un cadre*, d'après Fragonard, *L'Amour appuyé sur un arc*, d'après trois croquis de Prudhon, et *le Ménétrier*, d'après Gabriel de Saint-Aubin.

Dans la livraison des Saint-Aubin, le portrait d'*Augustin de Saint-Aubin assis sur un tabouret*, et dans la livraison de Prudhon, la *Vengeance divine poursuivant le crime*, sont d'Edmond de Goncourt, de qui je puis encore citer quelques autres eaux-fortes : la *Cheminée de Jules, 1859* ; l'*Automne*, d'après une figure de Watteau pour la salle à manger de Crozat ; le masque de *Mˡˡᵉ Dangeville*, de la Comédie-Française d'après La Tour ; des *Mendiants* et une *Tête d'homme*, d'après Gavarni. Toutes ces planches ne portent que les initiales E. G.

aussi de la pénétration qu'il avait acquise de ce talent humoristique et moderne. La dernière fois que sa main, déjà tremblante, a promené une pointe sur un cuivre, ce fut pour reproduire un type de son maître d'élection, un *figurant,* un pauvre diable osseux qui repasse les quatre mots qu'il va adresser à « son seigneur ».

Gavarni a tracé le portrait de ses jeunes amis, vers 1853, en tête de la série des *Messieurs du feuilleton,* dans *Masques et Visages.* Assis aux fauteuils d'orchestre, l'un, un peu renversé dans une pose fatiguée, suit la scène d'un sourire sceptique ; le second, plus coquet, le lorgnon dans l'œil, penché en avant, a le regard vif et la bouche sérieuse. C'est là l'enveloppe. Gavarni a fixé par un jeu de mots et de crayon charmant l'idée qu'il se faut faire de l'intimité des deux frères. Il leur avait dessiné, pour marque de bibliothèque, pour *ex-libris,* les deux doigts d'une main qui tient un style terminé en G se posant sur un papier qui porte les initiales E. J.

Le 20 juin 1870, à Auteuil, Jules-Alfred de Goncourt s'éteignit après une agonie qui avait duré deux jours. Il succombait à une lente maladie nerveuse qu'avaient dû déterminer des travaux continus et complexes d'historien, de romancier et d'artiste. Ceux qui l'ont vu étendu sur son lit de mort n'oublient point la douloureuse fixité, le reproche cruel de ses grands yeux. Nul, en effet, n'avait plus de droits de s'étonner d'un arrêt aussi brusque que ce jeune et courageux travailleur, ce brave cœur, ce brillant artiste.

Philippe Burty.

# CATALOGUE

DE L'ŒUVRE

# DE JULES DE GONCOURT

# CATALOGUE

## DE L'ŒUVRE

# DE JULES DE GONCOURT

---

Nous avons relevé dans les livrets officiels cette liste des envois de Jules de Goncourt aux Salons de 1861, 63, 64 et 65 :

Salon de 1861. GONCOURT (Jules-Alfred de), né à Paris, élève de M. Gavarni, rue Saint-Georges, 43. — 3745. *Thomas Vireloque*, d'après M. Gavarni; cau-forte.

Salon de 1863. (Mêmes mentions.) — 2641. *La Consolation de la vieillesse*, d'après un lavis de Greuze. — 2642. *Fruits et Objets de table*, d'après Chardin; eaux-fortes, pour l'*Art du* XVIII$^e$ *siècle* de MM. E. et J. de Goncourt.

Salon de 1864. (Mêmes mentions.) — 2902. *Une Tête d'homme*, d'après un dessin de M. Gavarni; eau-forte.

Salon de 1865. (Mêmes mentions.) — 3324. *La Lecture*, d'après le dessin de Fragonard, des Musées du Louvre, pour l'*Art du* XVIII$^e$ *siècle*, par MM. E. et J. de Goncourt.

---

1. — PORTRAIT DE GABRIEL DE SAINT-AUBIN

*Tête de profil, coiffée à la catogan, tournée vers la droite.*

Premier état, eau-forte pure. — *Deuxième état*, avec salissures faites avec du grès, lumières réservées sur le front, la joue et le nez. A gauche, G., I.

H., 0<sup>m</sup>,22. — L., 0<sup>m</sup>,15.

Le dessin, à la pierre noire, appartenait à M. Prosper de Baudicour.

## CATALOGUE DE L'ŒUVRE

### 2. — PORTRAIT D'AUGUSTIN DE SAINT-AUBIN

*Un carton sur les genoux, vu jusqu'à mi-jambes, il mesure le modèle avec son portecrayon.*

Premier état, eau-forte pure. — Deuxième état, reprises d'eau-forte sur toutes les parties ; à droite, G. 2 ; à gauche, de Saint-Aubin del. 1764. — Troisième état, publication.

H., 0$^m$,23. — L., 0$^m$,16.

Le dessin, au bistre, provenait de la vente Renouard. Collection de Goncourt. Publié dans l'*Art du XVIII$^e$ siècle*, les *Saint-Aubin*, avec l'adresse de Delâtre.

Pour ne pas multiplier les indications, nous dirons ici une fois pour toutes que les tirages faits par l'imprimeur Delâtre pour la publication l'*Art du XVIII$^e$ siècle* portaient toujours son nom et son adresse.

### 3. — PORTRAIT DE GERMAIN DE SAINT-AUBIN

*Buste en médaillon, les cheveux poudrés, tourné vers la gauche.*

Premier état, eau-forte pure avec la figure du *Ménétrier*, du numéro suivant. — Deuxième état, le cuivre coupé, contre-tailles sur le fond. — Troisième état, publié dans la livraison des *Saint-Aubin*; à gauche, J. G.; à droite, 3.

H., 0$^m$,15. — L., 0$^m$,14.

Le dessin, à la mine de plomb, fut fait par M$^{lle}$ Germain de Saint-Aubin, pour Sedaine en 1769. Collection de Goncourt.

### 4. — LE MÉNÉTRIER

*Le jarret tendu, l'épée au côté, il conduit la danse au son de son violon.*

Premier état, eau-forte pure, sur le même cuivre que le portrait du numéro précédent. — Deuxième état, le cuivre coupé, reprises à la pointe sèche. — Troisième état, pointe sèche ébarbée et salissures.

H., 0$^m$,13. — L., 0$^m$,15.

Figure au bistre, isolée d'un dessin de Gabriel de Saint-Aubin représentant les *Dimanches de Saint-Cloud* et gravé plus tard en entier. Le cuivre, qui avait été mordu par l'oxyde, a été nettoyé, légèrement retouché et a paru, imprimé en cul-de-lampe, dans la livraison complémentaire *Notules, Additions, Errata* (chez Dentu, 1875). Collection de Goncourt.

### 5. — COMÉDIENNES EN COSTUME POLONAIS

*Debout, l'une devant l'autre, la robe bordée de fourrures, dans des attitudes de déclamation.*

Eau-forte pure, vigoureusement mordue ; à gauche, J. G.; à droite, Collection de Goncourt.

H., 0$^m$,21. — L., 0$^m$,27.

Dessin de Lancret aux trois crayons.

### 6. — LE PONT-NEUF ET LA SAMARITAINE

*Les guérites sur les demi-lunes du Pont et la Monnaie sont encore en construction. Marchés aux Herbes, sur le quai de la Mégisserie ; revendeuses se prenant aux cheveux et racoleurs qui les regardent.*

Premier état, eau-forte pure. — Deuxième état, contre-tailles à la pointe sèche sur les pavés du premier plan; à droite, J. G.; à gauche, G. de St-Aubin, 1775; à g., 5,59.

H., 0$^m$,26. — L., 0$^m$,42.

Le dessin, au bistre et à la sanguine rehaussés de blanc, provient des cabinets Bruun Neergaard et Silvestre. Collection de Goncourt.

## DE JULES DE GONCOURT.

### 7. — PORTRAIT DE GABRIEL DE SAINT-AUBIN

*Tête de profil tournée vers la droite, dans un médaillon rond suspendu par un nœud de ruban; on lit dans l'exergue :* Gabriel de Saint-Aubin, dessiné par lui-même.

*Premier état*, eau-forte pure. — *Deuxième état*, retouches à la pointe sèche dans les boucles des cheveux — *Troisième état*, publié dans la livraison *des Saint-Aubin;* à droite, J. G., 6.
H., 0<sup>m</sup>,14. — L., 0<sup>m</sup>,12.

Répétition achevée de n° 1.

### 8. L'AMOUR PRENANT LE MONDE DANS UN FILET

*Épreuve unique* d'une pointe sèche.
H., 0<sup>m</sup>,15. — L., 0<sup>m</sup>,11.

D'après une statuette en porcelaine de la Saxe.

### 9. — LA SALLE D'ARMES

*Un élève tire en quarte sur le plastron du prévôt debout devant lui. Au fond, une banquette, un grand rideau, un poêle, des bouteilles, un étau. Au mur, des masques, des fleurets et des gants.*

*Premier état*, eau-forte pure; à gauche, J. G., 7; à droite, *Salle Bux*. — *Deuxième état*, le blanc d'une bûche jetée sous la banquette a été recouvert à la pointe.
H., 0<sup>m</sup>,35. — L., 0<sup>m</sup>,25.

D'après nature.

### 10. — LES PANTOUFLES D'ANNA DELION

*Mules bordées d'un ruban ruché traînant au pied d'un fauteuil.*

Eau-forte; à gauche, J. G., 8; à droite, le titre ci-dessus.
H., 0<sup>m</sup>,05. — L., 0<sup>m</sup>,11.

### 11. — TÊTE DE DUMONT LE ROMAIN

*Tête de trois quarts, tournée vers la gauche, coiffée d'un mouchoir de mazulipatan.*

Eau-forte; à gauche, J. G., 9; et *Lekain par Latour*.
H., 0<sup>m</sup>,31. — L., 0<sup>m</sup>, 22.

Préparation de La Tour pour un pastel conservé au Louvre, et qui est certainement un portrait du peintre Dumont le Romain. Collection de Goncourt.

## 12. — EDMOND DESSINANT; CHIEN DE FO EN BRONZE TONQUIN; ENFANT, D'APRÈS UNE TERRE CUITE DU XVIII<sup>e</sup> SIÈCLE; ET STENTERELLO, DU THÉATRE BORGOGNI SANTI.

Ces quatre croquis, gravés en divers sens à l'eau-forte sur une plaque de zinc, sont signés : J. G., *16*.

H., 0<sup>m</sup>, 37. — L., 0<sup>m</sup>, 28.

## 13. — MASQUE DE L'ABBÉ RAYNAL

*Visage de trois quarts, les yeux regardant de face.*

*Premier état*, eau-forte pure. — *Deuxième état*, essai brutal de lavis à l'aquatinte avec lumières réservées sur les plans saillants; à droite, J. G., *11-59*. — *Troisième état*, l'aquatinte modelée sur la figure et presque effacée sur le fond.

H., 0<sup>m</sup>,31. — L., 0<sup>m</sup>,21.

Cette préparation, de La Tour, appartient à M. Eudoxe Marcille.

## 14. — MASQUE DE CHARDIN

*Visage avec indication de perruque, de trois quarts, légèrement incliné sur la droite.*

Eau-forte; à gauche, J. G., *12*.

H., 0<sup>m</sup>,32. — L., 0<sup>m</sup>,24.

Cette préparation, de La Tour, appartient à M. E. Marcille.

## 15. — APRÈS SOUPER

*Une femme en peignoir de broderie anglaise, assise, le coude posé sur une table, près d'un verre à champagne.*

*Premier état*, eau-forte pure; dans les trois états suivants, retouches générales, surtout dans les fonds; à droite, J. G., *13* et L. R., *mars 59*.

H., 0<sup>m</sup>,32. — L., 0<sup>m</sup>,25.

D'après nature.

## 16. — TÊTE DE JEUNE FEMME

*Visage de trois quarts, tourné à droite, cheveux relevés sur le front, yeux noirs très-vifs.*

*État unique* d'eau-forte pure.

H., 0<sup>m</sup>,35. — L., 0<sup>m</sup>,27.

D'après une préparation de La Tour. Collection de Goncourt.

## 17. — VENTE D'ESTAMPES A L'HOTEL DROUOT

*A droite, la chaire du commissaire-priseur et du clerc; au-dessous, l'expert; autour de la table, amateurs et marchands; public debout; gravures de l'école française accrochées au mur.*

Premier état, eau-forte pure. — *Deuxième état*, remorsures. — *Troisième état*, griffonnis sur les vêtements. — *Quatrième état*, ombres portées sur le fond. A droite, J. de Goncourt, *15-59*.

H., 0<sup>m</sup>,31. — L., 0<sup>m</sup>,45.

D'après nature.

## 18. — MASQUE DE MADEMOISELLE DANGEVILLE

*De trois quarts, riant, tourné à droite et avec le regard à gauche.*

L'eau-forte pure avant toute lettre. — *Deuxième état*, remorsures et travaux ajoutés, M<sup>lle</sup> Dangeville d'après La Tour, collection de M. Marcille; à gauche, J. G., *16*.

H., 0<sup>m</sup>,30. — L., 0<sup>m</sup>,20.

D'après une préparation de La Tour. Collection de Goncourt.

## 19. PORTRAIT D'EDMOND DE GONCOURT

*A cheval sur une chaise, accoudé au dossier, il fume un cigare; il est de profil, coiffé d'un toquet écossais. Au fond, sur la tablette d'une cheminée, candélabre, statuette, etc.*

État unique d'eau-forte pure; à droite, J. G., *17*.

H., 0<sup>m</sup>,24. — L., 0<sup>m</sup>,15.

D'après nature.

## 20. — BUSTE DE FEMME EN MANTEAU DE LIT

*Profil perdu tourné vers la gauche, les cheveux noués sur le sommet de la tête.*

Premier état, eau-forte pure. — *Deuxième état*, reprises au pointillé sur les cheveux, la nuque, le fond. — *Troisième état*, avec l'adresse de Delâtre. Postérieurement, quelques épreuves avec des tons à la pointe sèche sur les cheveux et le manteau; à gauche, J. G., *18*.

H., 0<sup>m</sup>,21 — L., 0<sup>m</sup>,16.

D'après une contre-épreuve de Watteau. Collection de Goncourt.

## 21. — FIGURE DU PRINTEMPS

*Académie de femme assise, plafonnant et vue jusqu'à mi-jambes, la main droite retenant une corbeille.*

Premier état, eau-forte pure. — *Deuxième état*, reprises au pointillé sur la corbeille et les plis de la draperie, et ces mots *Étude du Printemps pour la salle à manger de Crozat*. — *Troisième état*, avec l'adresse de l'imprimerie; à droite, J. G., *19*.

H., 0<sup>m</sup>,21. — L., 0<sup>m</sup>,19.

D'après un dessin de Watteau aux trois crayons. Collection de Goncourt.

## 22. — TROIS TÊTES DE FEMMES

*La tête de milieu est presque de profil; la tête de droite, de face, un peu relevée; celle de gauche est de trois quarts, inclinée sur l'épaule et les yeux baissés.*

Premier état, eau-forte pure. — *Deuxième état*, accentuation des noirs au pointillé. — *Troisième état*, publication; à droite, *J G., 20.*

H., 0<sup>m</sup>,21. — L., 0<sup>m</sup>,14.

Fragment d'un dessin de Watteau aux trois crayons. Collection de Goncourt.

## 23. — FEMME VUE DE DOS PASSANT UNE CHEMISE

*État unique* d'eau-forte pure; à droite, *J. de Goncourt, 21-59*.

H., 0<sup>m</sup>,33. — L., 0<sup>m</sup>,25.

D'après un dessin de Boucher. Collection de Goncourt.

## 24. — LES DIMANCHES DE SAINT-CLOUD

*Un garçon et une fille dansent aux sons d'une harpe et d'un violon, au milieu d'un rond de spectateurs. Au fond, boutiques et tentes.*

Premier état, eau-forte pure avant le trait carré. — *Deuxième état*, griffonnis et contre-tailles. On lit sur un toit : *Vu à S<sup>t</sup>-Cloud le 12 7<sup>bre</sup> 1762, G. de S.-A.* — A gauche, *J. G., 2312*.

H., 0<sup>m</sup>,21. — L., 0<sup>m</sup>,27.

D'après un bistre de Gabriel de Saint-Aubin. Collection de Goncourt.

## 25. — LE TAUREAU

*Un taureau arrêté près d'un abreuvoir ; au fond, un jeune garçon renverse en l'embrassant sa bergère.*

Eau-forte pure. — *Deuxième état*, publication. — *Troisième état*, Gazette des Beaux-Arts ; à gauche, *J. G. 24*.

H., 0<sup>m</sup>,23. — L., 0<sup>m</sup>,16.

D'après un bistre de Fragonard. Collection de Goncourt.

## 26. — PETITE FILLE ENDORMIE

*La tête posée sur l'oreiller, les deux mains allongées sur son drap.*

Premier état, eau-forte pure. — *Deuxième état*, reprise de pointillé sur la figure, de contre-tailles sur les rideaux. A droite, *J. G., 24*.

H., 0<sup>m</sup>,10. — L., 0<sup>m</sup>,15.

D'après un lavis à l'encre de Chine de J.-M. Moreau. Collection de Goncourt.

## DE JULES DE GONCOURT.

### 27. — TÊTE DU MUSICIEN ANTOINE

*Masque de trois quarts, avec bésicles, tourné à gauche; longue perruque.*

Sur une première épreuve de ce cuivre, dont il n'a été tiré que quelques essais, on voit deux autres légères indications de têtes au pointillé. A droite, *J. G. 24 bis.*

H., 0<sup>m</sup>,14. — L., 0<sup>m</sup>,15.

D'après le dessin du Louvre gravé sous le n° suivant.

### 28. — PORTRAITS DE LA CHANTEUSE DARGENON, DU CHANTEUR PACCINI ET DU MUSICIEN ANTOINE

*Premier état*, pointillé pur avec ces mots : *Præclarorum musicorum cœtus, scilicet Antonius fidicen eximius, Paccini italus cantor Mus. Reg. et D<sup>a</sup> Dargenon, Car. de la Fosse pict. Acad. sororis filia cui suaves accentus Musa invideret.* — *Deuxième état, Musée du Louvre,* ajoutés à l'inscription. — *Troisième état,* trait carré et adresse de l'imprimeur, *J. G. 25.*

H., 0<sup>m</sup>,16. — L., 0<sup>m</sup>,27.

D'après le dessin de Watteau, exposé au Louvre sous le n° 1334.

### 29. — PORTRAIT D'EDMOND DE GONCOURT

*Assis dans un fauteuil, tête nue, de profil, tourné vers la gauche, il fume une longue pipe de terre.*

*Premier état*, eau-forte pure, les parties d'ombre ont crevé à la morsure. — *Deuxième état*, contre-tailles au burin dans les parties crevées. — *Troisième état*, grosses tailles renforçant les ombres. A gauche, *Edmond de Goncourt, J. G., 26, 1860.*

H., 0<sup>m</sup>,16. — L., 0<sup>m</sup>,16.

D'après nature.

### 30. — LE SINGE AU MIROIR

*Accroupi à terre, il tient une glace dans laquelle il se fait des grimaces.*

*Premier état*, eau-forte et pointe sèche. — *Deuxième état*, le collet est poussé complétement au noir et le reflet dans la glace est bruni. A droite, *J. G., 27.*

H., 0<sup>m</sup>,16. — L., 0<sup>m</sup>,15.

D'après Decamps.

### 31. — LE CAFÉ GODET

*Des personnages entrent dans le café; abbés, citoyens, filles circulant sur les boulevards.*

*Premier état*, eau-forte et pointe sèche. — *Deuxième état*, les ombres sont accentuées. A droite, *J. G., 28.*

H., 0<sup>m</sup>,15. — L., 0<sup>m</sup>,28.

D'après un dessin de Sweebach représentant un café du boulevard du Temple, célèbre par les batailles des Lafayettistes et des Maratistes, en 1792. Collection de Goncourt.

## CATALOGUE DE L'ŒUVRE

### 32. — PORTRAIT DE PRUDHON

*Buste de trois quarts tourné vers la droite; tête nue, redingote à haut collet.*

Premier état, eau-forte pure. — *Deuxième état*, reprises de pointillé et de tailles; à gauche, J. G. 29.

H., 0<sup>m</sup>,15. — L., 0<sup>m</sup>,13.

D'après une miniature de Boilly appartenant à M. E. Marcille.

### 33. — PORTRAIT DE MARIE-LOUISE

*Tête de profil tournée à droite, un diadème dans les cheveux, indiquée en médaillon.*

Premier état, légère morsure au pointillé. — *Deuxième état*, reprise du pointillé dans le modelage de la chevelure et des traits. — *Troisième état*, avec *Marie-Louise*. A gauche, J. G. 30.

H., 0<sup>m</sup>,17. — L., 0<sup>m</sup>,12.

D'après un dessin de Prudhon appartenant à M. E. Marcille.

### 34. — TROIS ÉTUDES POUR UN CUPIDON

*Deux de ces petites figures, en pied, sont appuyées sur un arc; la troisième a la main gauche sur la hanche.*

Premier état, eau-forte pure. — *Deuxième état*, légère accentuation de la forme des ailes de la figure de droite; J. G., 31. Publié en tête de chapitre dans la livraison complémentaire *Notules, Additions, Errata.*

H., 0<sup>m</sup>,08. — L., 0<sup>m</sup>,15.

D'après des croquis dessinés à la plume sur la feuille d'un album de Prudhon appartenant à M. E. Marcille.

### 35. — PORTRAIT DE MADEMOISELLE MAYER

*Un châle jeté sur les épaules, les cheveux dépeignés, la figure souriante.*

État unique, mélange d'eau-forte et de pointillé.

H., 0<sup>m</sup>,19. — L., 0<sup>m</sup>,15.

Tiré à quelques épreuves et recommencé sous le n° 39.

### 36. — VÉNUS AU BAIN

*Elle s'appuie sur une des nymphes qui la déshabillent; à ses pieds, deux Amours jouent avec un cygne.*

Premier état, eau-forte pure. — *Deuxième état*, reprise de travaux dans le paysage et les draperies. — *Troisième état*, publication. A droite, J. G., 33.

H., 0<sup>m</sup>,22. — L., 0<sup>m</sup>,17.

D'après un dessin de Boucher à la pierre noire, gravé par Huquier et Demarteau. Collection de Goncourt.

## 37. — LE CANCAN

*Deux jeunes hommes et deux femmes dansant.*

*Premier état,* légère morsure. — *Deuxième état,* remorsure et détails de costume. A gauche, J. G. d'après Mès, *34.*

H., 0ᵐ,09. — L., 0ᵐ,13.

D'après un croquis de M. Mès, collaborateur au journal illustré *le Temps.* Voir le n° 54.

## 38. — THOMAS VIRELOQUE

*Borgne et loqueteux. Il marche dans la campagne, la main droite sur un bâton, les lunettes relevées sur le front, une charpagne au côté.*

*Premier état,* eau-forte pure. — *Deuxième état,* reprises au pointillé et à la pointe.

H., 0ᵐ,36. — L., 0ᵐ,24.

D'après une aquarelle de Gavarni. Collection de Goncourt.

## 39. — PORTRAIT DE MADEMOISELLE MAYER

*Voir le n° 35.*

*Premier état,* eau-forte pure. — *Deuxième état,* reprises au pointillé dans les chairs, contretailles sur les cheveux et sur le schall. — *Troisième état,* trait carré et les initiales J. G. *36.* — *Quatrième état,* le cuivre coupé à gauche et adresse de l'imprimeur.

H., 0ᵐ,15. — L., 0ᵐ,11.

D'après une peinture de Prudhon, de la collection Laperlier.

## 40. — BRAS DU FAUTEUIL DE L'IMPÉRATRICE MARIE-LOUISE

*Une enfant aux ailes de papillon retient par un ruban l'Amour agenouillé et les mains liées au dos.*

*Premier état,* eau-forte pure. — *Deuxième état,* remorsure. — *Troisième état* avec ces mots à gauche, au bord, *Fauteuil de Marie-Louise.* A gauche, J. G., *37.*

H., 0ᵐ,15. — L., 0ᵐ,25.

D'après un dessin de Prudhon. Collection de Goncourt.

## 41. — DAME ASSISE SUR UNE CHAISE

*Elle est costumée à l'espagnole et tient en l'air un éventail fermé.*

*Premier état,* eau-forte pure. — *Deuxième état,* les plis de la jupe accentués par la remorsure. A droite, en haut, J. G., *38 ;* en bas, Boucher, *1750.*

D'après un dessin aux trois crayons, de Boucher, provenant de la vente Sireuil. Collection de Goncourt.

## CATALOGUE DE L'OEUVRE

### 42. — GROUPE DE TÊTES D'HOMMES REGARDANT VERS LA GAUCHE, ET BUSTE D'HOMME ACCOUDÉ JOUANT AUX DAMES

*État unique* d'eau-forte pure; à gauche, *J. G. 39.*

H., 0<sup>m</sup>,25. — L., 0<sup>m</sup>,16.

<small>D'après deux croquis de Gavarni, à la plume. Collection de Goncourt.</small>

### 43. — PORTRAIT DE MADAME DE POLIGNAC

Les cheveux bouclés, un bonnet à ruches noué sous le menton ; elle regarde vers la gauche.

*Premier état*, eau-forte pure. — *Deuxième état*, les boucles des cheveux et les rubans du bonnet accusés par une remorsure.

H., 0<sup>m</sup>,17. — L., 0<sup>m</sup>,13.

<small>D'après une gravure de Fischer, graveur de S. A. I. et R. Marie-Thérèse, reproduisant un portrait peint de mémoire par M<sup>me</sup> Vigée-Lebrun.</small>

### 44. — COUR DE FERME AVEC UN PIGEONNIER DANS LE FOND

*Premier état*, eau-forte pure. — *Deuxième état*, griffonnis dans les arbres et contre-tailles sur l'âne à droite. A gauche, *J. G., 41.*

H., 0<sup>m</sup>,25. — L., 0<sup>m</sup>,20.

<small>D'après un lavis de Boucher, au bistre sur sanguine. Collection de Goncourt.</small>

### 45. — PROFIL D'HOMME

Moustachu, les cheveux en broussaille et tourné à gauche.

*État unique* d'eau-forte pure; à gauche, en haut, *J. G., 42*; à droite, *dessiné au cure-dent par Gavarni.*

<small>D'après un croquis de Gavarni. Cette eau-forte a figuré au Salon de 1864.</small>

### 46. — CROQUIS DE TÊTES

L'une d'un figurant, l'autre d'un marchand d'eau merveilleuse, la troisième d'une femme du peuple en madras.

<small>D'après Gavarni, qui sur cette même planche a gravé lui-même une tête de vieillard. Gravé à l'aide d'un procédé.</small>

### 47. — LE GRAND-PAPA

*La jeune mère et le père lui présentent son petit-fils qui lui tend les bras. Figures à mi-corps.*

*Premier état*, eau-forte pure. — *Deuxième état*, remorsure dans le fond et légers travaux sur les visages; à gauche, J. G., *43*.

H., 0$^m$,19. — L., 0$^m$,24.

Cette eau-forte a été exposée au Salon de 1863, sous ce titre : *la Consolation de la vieillesse*. Fragment d'un dessin de Fragonard dans le goût de Greuze. Collection de Goncourt.

### 48. — HOMME ENDORMI.

*Il est assis sur une chaise, les jambes croisées, les mains dans ses poches.*

*État unique*, eau-forte pure; à gauche, J. G., *44*.

H., 0$^m$,16. — L., 0$^m$,11.

D'après un croquis de Gavarni à la plume. Collection de Goncourt.

### 49. — FEMME EN CHAPEAU, A MI-CORPS

*Un large ruban noué sous le menton; elle est debout, tournée vers la droite.*

*Premier état*, eau-forte pure. — *Deuxième état*, remorsure des noirs du châle, travaux fins sur la joue, et J. G., *45*, à gauche.

H., 0$^m$,20. — L., 0$^m$,14.

D'après un croquis de Gavarni à la plume.

### 50. — ACADÉMIE DE FEMME VUE DE DOS

*Elle est debout, le corps légèrement infléchi, et s'appuie de la main gauche sur des draperies.*

*Premier état*, eau-forte pure. — *Deuxième état*, trait carré, modelé adouci, draperies plus indiquées. A gauche, J. G., *46*. — *Troisième état*, accentuation des ombres portées. — *Quatrième état*, publication.

H., 0$^m$,25. — L., 0$^m$,15.

D'après un dessin de Boucher aux trois crayons. Collection de Goncourt.

### 51. — FEMME ASSISE

*En manteau de lit, de profil, tenant un éventail.*

Épreuve unique gravée à l'aide d'un procédé, d'après une sanguine de Pater. Collection de Goncourt.

## CATALOGUE DE L'ŒUVRE

### 52. — LETTRE L

*Un Amour assis tenant une colombe.*

Épreuve unique. Gravée à l'aide d'un procédé, d'après un dessin de Boucher.

### 53. — LA BOUQUETIÈRE GALANTE

*Une corbeille pleine de fleurs est attachée à sa ceinture ; elle marche en offrant des bouquets de chaque main.*

Premier état, eau-forte pure. — Deuxième état, publication. A gauche, J. G., 47. — H., 0$^m$,25. — L., 0$^m$,17.

D'après un dessin de Boucher aux trois crayons.

### 54. — LE CANCAN

*Répétition du groupe des danseurs de gauche dans le n° 37.*

État unique d'eau-forte pure, sur l'angle supérieur d'un cuivre. J. G., 48. — H., 0$^m$, . L., 0$^m$,8.

### 55. — CHANTEURS AMBULANTS

*Un vieillard en bourgeron et une enfant chantent en plein air.*

Premier état, eau-forte pure. — Deuxième état, vigoureuses reprises des contours à la pointe. A gauche, J. G., 49.
H., 0$^m$,23. — L., 0$^m$,16.

D'après un dessin de Gavarni à la plume. Collection de Goncourt.

### 56. — ÉTUDE POUR « LA DAME DE CHARITÉ »

*Debout, elle s'incline à gauche, les deux mains tendues et ouvertes.*

Premier état, légère morsure d'eau-forte. — Deuxième état, le fond, les ombres reprises sur la robe. — Troisième état, le fond mis à l'effet. A gauche, J. G., 50.
H., 0$^m$,25. — L., 0$^m$,16.

D'après un dessin de Greuze, à la sanguine et au crayon noir, provenant de la vente Hope. Collection de Goncourt.

## 57. — L'ENSEIGNE DU CHIRURGIEN-BARBIER

*Un blessé, assis sur une chaise, devant la porte, reçoit les soins d'une sœur de charité et d'un chirurgien. Dans la rue, soldats du guet, passants, vinaigrette, etc.*

État unique d'eau-forte pure. A droite, J. G., 52.

H., 0<sup>m</sup>,6. — L., 0<sup>m</sup>,26.

D'après une peinture de Chardin, de la collection Laperlier, actuellement au musée de la Ville, à l'hôtel Carnavalet.

## 58. — LE GOBELET D'ARGENT

*Un gobelet, deux pêches, des cerises, une amande, une carafe à demi pleine de vin, posés sur une tablette.*

Premier état, eau-forte pure. — Deuxième état, reprise générale et atténuation des reflets sur la bouteille. A gauche, J. G., 52.

H., 0<sup>m</sup>,26. — L., 0<sup>m</sup>,19.

D'après une peinture de Chardin, de la collection Laperlier. Cette eau-forte a été exposée au Salon de 1863 sous ce titre : *Fruits et Objets de table.*

## 59. — LES ALIMENTS DE LA CONVALESCENCE

*Une jeune femme, debout devant une table, casse des œufs dans une poêle.*

Premier état, eau-forte pure. — Deuxième état, mise à l'effet des fonds. — Troisième état, le pot posé à terre et la poêle sont noirs. A droite, J. G., 53.

H., 0<sup>m</sup>,24. — L., 0<sup>m</sup>,18.

D'après une esquisse de Chardin, de la collection Laperlier.

## 60. — LA LAITIÈRE

*Coiffée d'un bonnet de linge, la tête souriante et inclinée.*

État unique, entièrement au pointillé en imitation de sanguine. A droite, J. G., 54.

H., 0<sup>m</sup>,24. — L., 0<sup>m</sup>,18.

D'après une tête d'étude de Greuze, appartenant à la collection des dessins du Musée du Louvre.

## 61. — EX LIBRIS

*Une main, les deux doigts posés sur les initiales E. J., écrits sur une feuille de papier, que maintient un style terminé en G.*

Premier état, eau-forte pure. — Deuxième état, accentuation de l'ombre portée; dimensions actuelles du cuivre. On lit dans l'angle inférieur : *Gavarni.*

H., 0<sup>m</sup>,7. — L., 0<sup>m</sup>,5.

D'après un dessin à la plume composé par Gavarni pour servir d'*ex libris* à la bibliothèque de ses amis.

## 62. — « MON ÉPOUSE SERAIT-ELLE LÉGÈRE ? »

*Un pierrot soucieux, le bas du visage caché dans sa manche.*

Premier état, eau-forte pure. — *Deuxième état*, reprise du chapeau et de la tête, et nettoyage du fond.

H., 0<sup>m</sup>,29. — L., 0<sup>m</sup>,21.

D'après une aquarelle de Gavarni.

## 63. — FRONTISPICE POUR « LA LORETTE »

*Feuille d'études sur laquelle la figure nue ou habillée de la Lorette est cherchée dans sept poses différentes.*

Premier état unique, non terminé. A gauche, J. G., 57.

H., 0<sup>m</sup>,23. — L., 0<sup>m</sup>,14.

D'après un dessin de Gavarni fait pour l'exemplaire de la *Lorette*, de MM. de Goncourt.

## 64. — MADEMOISELLE ALLARD.

*Elle danse, agitant une lyre.*

État unique d'eau-forte. A gauche, J. G., et en haut, le nom et ces mots : *Festes grecques et romaines*.

H., 0<sup>m</sup>,24. — L., 0<sup>m</sup>,16.

D'après une aquarelle de Boquet, dessinateur des Menus, détachée d'une suite de costumes pour l'Opéra. Collection de Goncourt.

## 65. — PORTRAIT D'HOMME, EN PIED

*Il est debout, la main gauche appuyée sur la canne et l'autre main dans la poche de sa veste.*

État unique d'eau-forte. A droite, J. G., 59.

H., 0<sup>m</sup>,26. — L., 0<sup>m</sup>,16.

D'après un dessin de Greuze, appartenant aux collections du Louvre, et dont la tradition fait un portrait du duc d'Orléans.

## 66. — JEUNE FEMME ACCROCHANT AU MUR UN CADRE

*Elle est vue de dos et se dresse sur la pointe du pied.*

Premier état, eau-forte pure. — *Deuxième état*, avec renforcement de l'ombre portée et des plis de la robe. — *Troisième état*, publié dans la livraison complémentaire avec ces mots, gravés au burin dans le cadre : L'ART DU XVIII<sup>e</sup> SIÈCLE. A gauche, J. G., 60.

H., 0<sup>m</sup>,27. — L., 0<sup>m</sup>,20.

D'après une sanguine de Fragonard, appartenant à M. Sensier.

## 67. JOUEUR DE BOULES

*Il est debout, légèrement incliné, appuyé à la muraille.*

État unique d'eau-forte pure. A gauche, J. G., 60; à droite, au bas, J.-B. *Chardin, 1760.*

H., 0<sup>m</sup>,27. — L., 0<sup>m</sup>,17.

D'après une sanguine de Chardin. Collection de Goncourt.

## 68. — LE MAITRE A DANSER

*Il soulève dans ses bras une jeune femme dont les jupons se retroussent. Un abbé, qui lisait son bréviaire, se retourne en souriant. La famille, au coin d'une cheminée, fait faire le beau à un petit chien.*

*Premier état*, eau-forte pure. — *Deuxième état*, toutes les figures de second plan reprises. — *Troisième état*, mise à l'effet des fonds et des ombres portées. A droite, J. G., 62.

H., 0<sup>m</sup>,20. — L., 0<sup>m</sup>,25.

D'après un bistre de Fragonard, appartenant à M. Camille Marcille.

## 69. — MADAME LAFARGE

*Coiffée en bandeaux, un ruban autour du cou, en buste de trois quarts.*

*Premier état*, eau-forte pure. — *Deuxième état*, remorsure des cheveux. A gauche, J. G., 63, et *Montpellier, 6 août 1850.*

H., 0<sup>m</sup>,15. — L., 0<sup>m</sup>,13.

D'après un croquis à la plume de Henri Monnier, fait d'après nature dans la prison de Montpellier.

## 70. — SAINT-MATHURIN DE LARCHANT

État unique d'eau-forte.

H., 0<sup>m</sup>,7. — L., 0<sup>m</sup>,13.

Fac-similé d'une eau-forte ancienne, pour une brochure d'Émile Bellier de la Chavignerie sur l'église Saint-Mathurin-de-Larchant.

## 71. — LE PANTIN DE MESDEMOISELLES MARCILLE

*Il est suspendu par une ficelle, les bras ouverts, les jambes pendantes.*

État unique d'eau-forte pure. A gauche, J.-G. *Oisême, 27 juillet.*

Croquis, d'après un pantin de Nuremberg, aux petites filles de M. Camille Marcille.

### 72. — ÉTUDE DE JEUNE FEMME

*Assise, adossée à un arbre, reprisant un bas, et vue de profil.*

Premier état, eau-forte pure. — *Deuxième état,* avec les fonds et les ombres accentuées sur le tertre. J. G., *65,* et au bas, *Gretz., 1864.*　　　　H., 0ᵐ,26. — L., 0ᵐ,16.

D'après nature.

### 73. — JEUNE FILLE ASSISE SUR UNE CHAISE

*Elle est vue de face, à mi-corps, les mains jointes sur la jupe, tournant la tête de côté.*

État unique d'eau-forte. A gauche, J. G., *66;* au bas, *Frago, 1785.*
　　　　H., 0ᵐ,22. — L., 0ᵐ,15.

D'après une sanguine de Fragonard. Collection de Goncourt.

### 74. — LA LECTURE

*Une jeune femme assise, le bras appuyé sur le dossier de son fauteuil, se retourne pour écouter la lecture que lui fait une autre femme assise et vue de dos.*

Premier état, légère eau-forte. — *Deuxième état,* reprise générale de tous les travaux, pointillé, et avec J. de Goncourt, *67.* — *Troisième état,* la planche coupée par le haut pour rentrer dans le format de la publication.　　　　H., 0ᵐ,28. — L., 0ᵐ,21.

D'après un bistre de Fragonard appartenant aux collections du Louvre.

### 75. — LA FÊTE DE VILLAGE

*A la porte d'un cabaret de village, au milieu de la fête, un couple danse aux sons de la vielle.*

Premier état, eau-forte pure. — *Deuxième état,* remorsure générale des travaux. J. G., *68.*
　　　　H., 0ᵐ,16. L., 0ᵐ,21.

D'après un tableau de Debucourt appartenant à M. Jazet.

### 76. — LES TRAVAUX DE LA FÉDÉRATION NATIONALE

*Des citoyens et des citoyennes de toutes conditions brouettent de la terre et traînent un chariot sur un talus.*

Premier état, eau-forte pure. — *Deuxième état,* reprise sur toutes les parties, et à gauche, J. G., *69.*
　　　　H., 0ᵐ,19. — L., 0ᵐ,25.

D'après une aquarelle de Debucourt appartenant à M. Delbergue-Cormont.

## 77. — MASQUE DE LA TOUR

*Visage de face, pris du menton à la hauteur des sourcils.*

*Premier état,* eau-forte pure. — *Deuxième état,* modelage des traits à la pointe. A gauche, J. G., 70.

H., 0ᵐ,22. — L., 0ᵐ,16.

Ce cuivre, recommencé sous le numéro suivant, n'a tiré que quelques épreuves d'essai.

## 78. — MASQUE DE LA TOUR

*Voir le numéro précédent.*

*Premier état,* morsure légère, au pointillé. — *Deuxième état,* accentuation des noirs, particulièrement dans les yeux. A gauche, J. G., 71.

H., 0ᵐ,19. — L., 0ᵐ,15.

D'après une préparation de La Tour, au pastel. Collection de Goncourt.

## 79. — PORTRAIT DE MADEMOISELLE FEL

*Étude de tête vue de face, avec un voile de gaze tombant sur le front et des fleurs dans les cheveux.*

*État unique,* mélange de pointe et de pointillé. A gauche, J. G., 72.

H., 0ᵐ,13. — L., 0ᵐ,9.

D'après une préparation de La Tour, au pastel, appartenant au musée de Saint-Quentin.

## 80. — MASQUE DE VOLTAIRE EN 1736

*Le visage, encore jeune, est vu de trois quarts, les yeux regardant à droite.*

*Premier état,* légère morsure de pointillé. — *Deuxième état,* reprise des travaux au pointillé. — *Troisième état,* avec *Voltaire,* à gauche; à droite, J. G., 73.

H., 0ᵐ,24. — L., 0ᵐ,18.

D'après une préparation de La Tour, au pastel. Collection de M. Eudoxe Marcille.

## 81. — MASQUE DE J.-J. ROUSSEAU

*Le visage plein, vu de trois quarts, regarde de face.*

Premier état, très-légère morsure de pointillé. — *Deuxième état,* reprise générale des travaux au pointillé, à gauche *Rousseau,* et à droite *J. G., 74.*
H., 0<sup>m</sup>,24. — L., 0<sup>m</sup>,17.

D'après une préparation de La Tour, au pastel, appartenant à M. Eudoxe Marcille.


## 82. — PROFIL DE MADEMOISELLE M\*\*\*

*En cheveux, en buste, tournée à droite.*

État unique d'eau-forte et de pointillé, tiré à quelques épreuves. A gauche, *A. Malvezzi;* au bas, *75, J. G. d'après le prince Gabrielli, 7 août 67, Saint-Gratien.*
H., 0<sup>m</sup>,13. — L., 0<sup>m</sup>,11.


## 83. — GENTILHOMME SALUANT

*Debout, au bas d'un escalier, sur une terrasse, il tient son tricorne à la main.*

Premier état, eau-forte pure à la pointe. — *Deuxième état,* reprise des travaux et dessin du sphinx à tête de femme. A gauche, *J. G., 76.*
H., 0<sup>m</sup>,24. — L., 0<sup>m</sup>,17.

D'après un dessin de Gravelot, provenant de la vente Andréossi. Collection de Goncourt.


## 84. — LE MODÈLE D'HOMME POSANT A L'ACADÉMIE ROYALE

*Il est vu de dos, allongé sur la table, entouré d'un demi-cercle d'élèves qui dessinent assis à terre ou sur des bancs.*

État unique d'eau-forte et de pointillé. A droite, *J. G., 77.*
H. 0<sup>m</sup>,17. — L. 0<sup>m</sup>,26.

D'après un dessin de C.-N. Cochin. Collection de Goncourt.


## 85. — LA LETTRE

*Une jeune femme, assise devant sa toilette, lit un papier ; un jeune homme, le chapeau dans les mains, entre sur la pointe du pied.*

Premier état, la scène est mordue plus gris que l'encadrement. A gauche, *J. G., 78.*
H., 0<sup>m</sup>,20. — L., 0<sup>m</sup>,26.

D'après un dessin de Charles Eisen. Collection de Goncourt.

DE JULES DE GONCOURT. 19

## 86. — UN FIGURANT

*En costume Moyen âge, debout, le menton dans la main.*

État unique, tiré à trois épreuves, d'une pièce que la mort a empêché Jules de Goncourt d'achever.

H., 0ᵐ,23. — L., 0ᵐ,14.

D'après un croquis à la plume, donné par Gavarni à ses amis.

# INDEX
## DES EAUX-FORTES

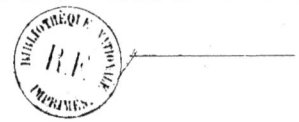

TITRE. — Le Pantin de Mesdemoiselles Marcille

— 1 —

La Lecture, d'après Fragonard.

— 2 —

Les Dimanches de Saint-Cloud, d'après Gabriel de Saint-Aubin.

— 3 —

Le Pont-Neuf, d'après Gabriel de Saint-Aubin.

— 4 —

Portrait de La Tour, d'après un pastel du maître.

— 5 —

Portrait de Duclos, d'après un pastel de La Tour.

— 6 —

Portrait de Chardin, d'après un pastel de La Tour.

— 7 —

Le Gobelet d'argent, d'après une peinture de Chardin.

— 8 —

Le Café Godet, d'après un dessin de Swebach.

— 9 —

Portrait d'Edmond de Goncourt, étude d'après nature.

— 10 —

La Salle d'armes, étude d'après nature.

— 11 —

Jeune Femme cousant, étude d'après nature.

— 12 —

Le Singe au miroir, d'après Decamps.

— 13 —

Portrait de M<sup>me</sup> Lafarge, d'après Henri Monnier.

— 14 —

Homme assis, d'après un croquis de Gavarni.

— 15 —

Têtes d'Hommes et le Jeu de Dames, d'après deux croquis de Gavarni.

— 16 —

La Femme en chapeau, d'après un croquis de Gavarni.

— 17 —

Buste d'Homme, d'après un croquis de Gavarni.

— 18 —

Chanteurs ambulants, d'après un croquis de Gavarni.

— 19 —

« Mon épouse serait-elle légère ? » d'après une aquarelle de Gavarni.

— 20 —

Thomas Vireloque, d'après une aquarelle de Gavarni.

*Les Eaux-fortes ont été tirées par* M. François Liénard :

à 2 exemplaires sur peau de vélin
100 — sur papier du Japon
200 — sur papier vergé

# LISTE DES BOIS

Portrait de Jules de Goncourt, d'après une aquarelle d'Edmond de Goncourt, gravure de M. Maurand.

Lettre ornée J, fac-simile d'un croquis de Jules de Goncourt, d'après Longhi, gravure de M. Méaulle.

Vieille Maison a Macon, d'après une aquarelle de Jules de Goncourt, gravure de M. Méaulle.

La Porte Bab-Azoun, a Alger, d'après une aquarelle, gravure de M. Maurand.

Une Fromagerie, a Milan, d'après une aquarelle, gravure de M. Moller.

La Poissonnerie, a Rome, d'après une aquarelle, gravure de M. Méaulle.

Un Pont, a Bruges, d'après une aquarelle, gravure de M. Maurand.

Lorenzo Cannelli, du théâtre Borgognissanti et le Stenterello du théâtre Barjiacchi de Florence, d'après des aquarelles, gravures de M. Méaulle.

La Rue de la Vieille-Lanterne, a Paris, d'après un lavis au bistre, gravure de M. Méaulle.

Portrait en médaillon de Jules de Goncourt, d'après une photographie, gravure de M. Méaulle.

Les Pantoufles de Anna Delion, fac-simile d'une eau-forte de Jules de Goncourt, gravure de M. Méaulle.

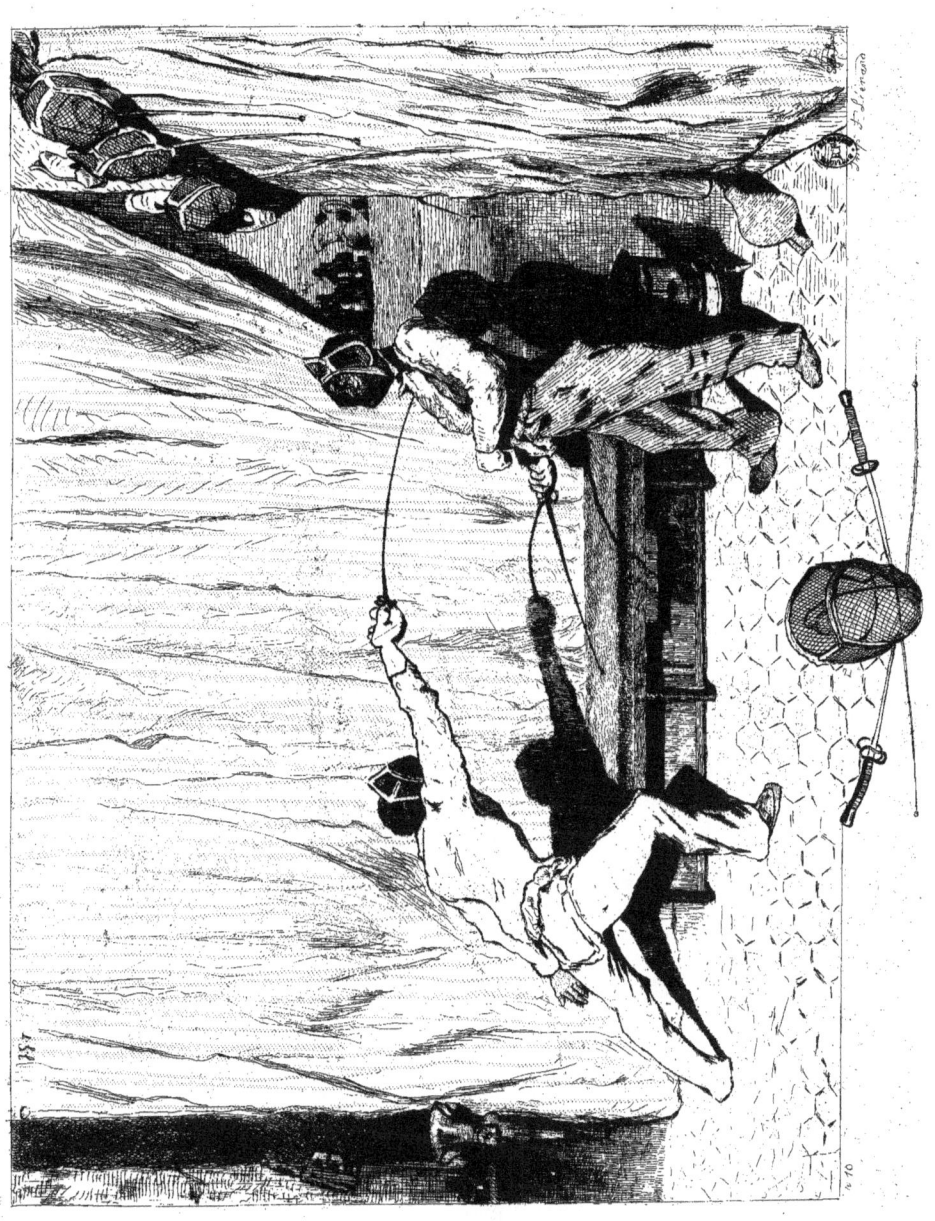

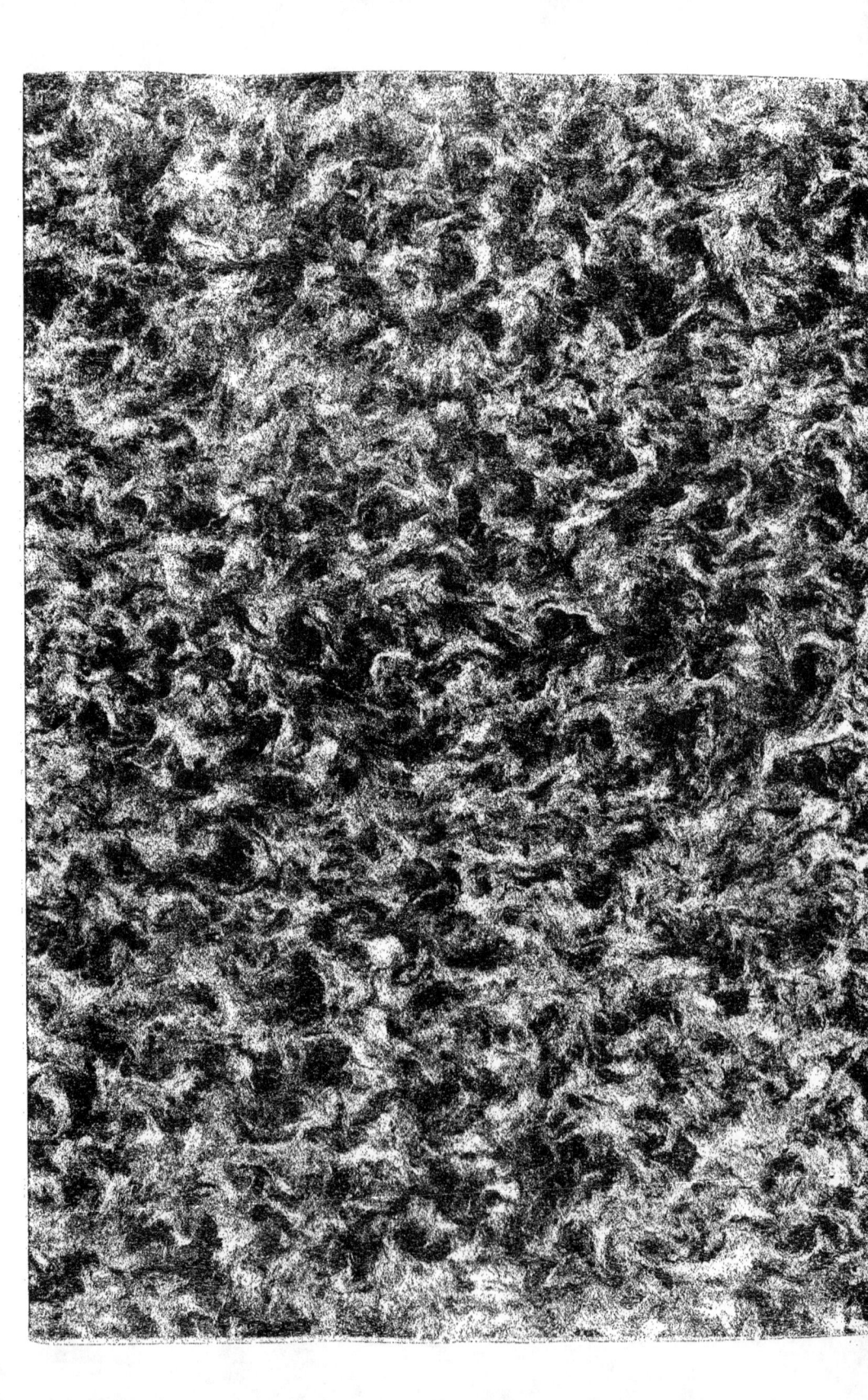

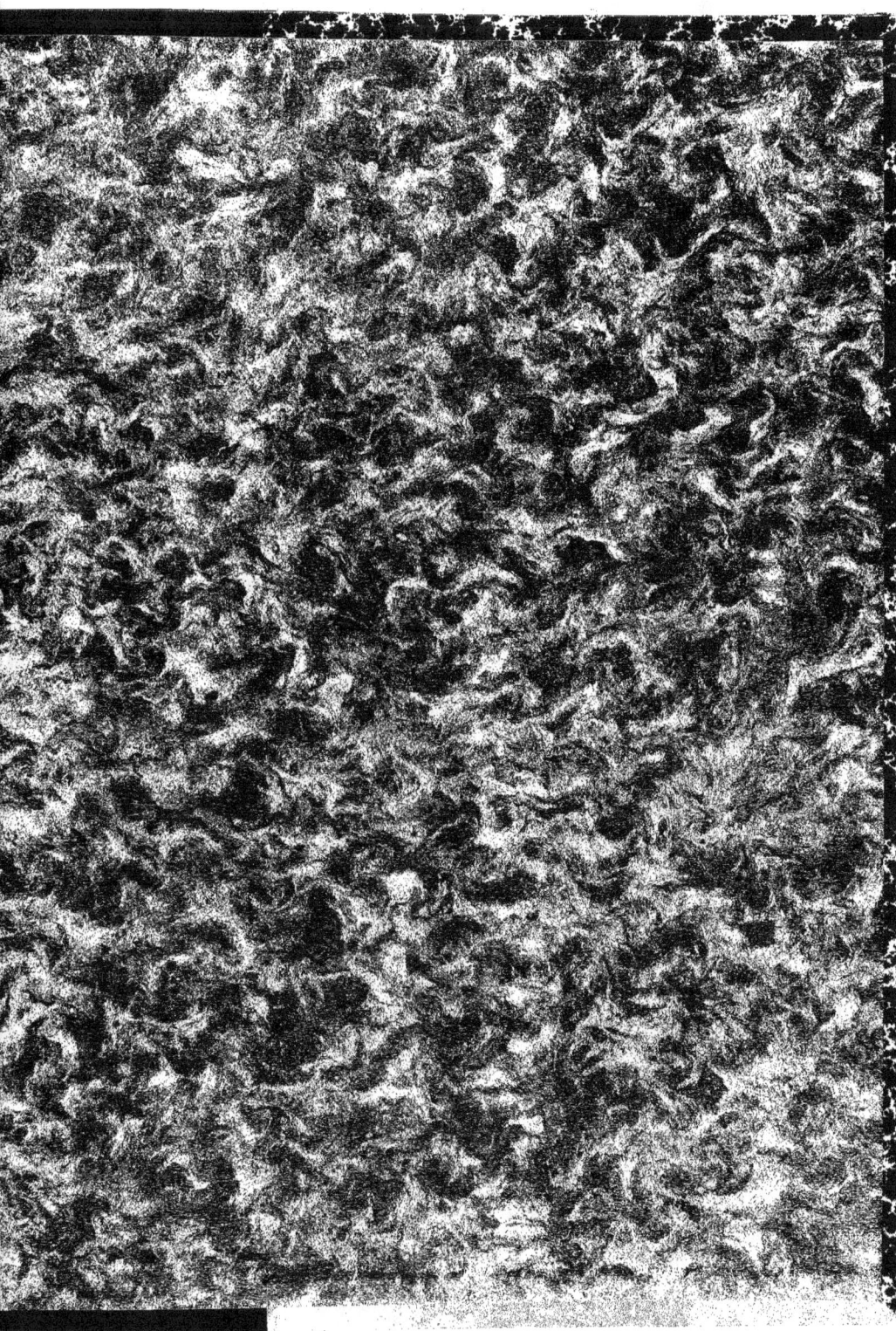

BURTY

EAUX-
FORTES
DE
JULES
DE
GONCOURT

www.ingramcontent.com/pod-product-compliance
Lightning Source LLC
Chambersburg PA
CBHW070533100426
42743CB00010B/2071